Copyrig

MW00934834

CreateSpace Independent Publishing Platform, North Charleston, SC

ISBN-13: 978-1977769435 (Create Space-Assigned)
ISBN-10: 1977769438

Arrangements Copyright © 2017 (1-5925419551) Chico, CA

Joseph L Caligiuri - A Collection of Nursery Rhymes in PianoVision Tab

*This book is dedicated to my daughter Melody
and her two children Nathan Joseph & Nolan Michael.*

www.PianoVisionTab.com

How to Read **Piano***Vision* **Tab**

PianoVisionTab is a simple form of tablature for the piano that uses the note "Letters" for the song instead of notes symbols.

- This tablature is read starting at the top and moving to the bottom of the page.

- A keyboard template is used as a guide, visible only at the top of each page.

- Middle "C" is colored red or blue in the keyboard template header for easy reference on where to start the song.

- The rhythm count or beat is located in the left column along with each measure number.

- Notes played with the left hand are colored in blue (blue for bass).

- Notes played with the right hand are colored in red.

- As needed to help you out, right and left hand fingering numbers are next to the note letters.

- When 2 or more notes are written horizontally, it means to play these notes together and is indicated by a "dotted line".

- A blue or red bold vertical line under a note letter represents a longer count value then most of the other notes.

- A black "X" under a note letter represents a rest.

Contents

Twinkle, Twinkle, Little Star

Nursery Rhyme

Left Hand *Right Hand*

Tablature by Joe Caligiuri

Sing | 4 G | 3 A | 2 B | 1 © C | 2 D | 3 E

Measure	Count	Hand	Lyric	Notes
1	1	1	Twink-	G 4
	2	2	le	G 4
	3	3	Twink-	D 2
	4	4	le	D 2
2	1	1	lit-	E 3
	2	2	tle	E 3
	3	3	star	D 2
	4		–	
3	1	1	how	C 1
	2	2	I	C 1
	3	3	won-	B 2
	4	4	der	B 2
4	1	1	what	A 3
	2	2	you	A 3
	3	3	are.	G 4
	4		–	
5	1	1	Up	D 2
	2	2	a-	D 2
	3	3	bove	C 1
	4	4	the	C 1
6	1	1	world	B 2
	2	2	so	B 2
	3	3	high	A 3
	4		–	
7	1	1	Like	D 2
	2	2	a	D 2
	3	3	dia-	C 1
	4	4	mond	C 1
8	1	1	in	B 2
	2	2	the	B 2
	3	3	sky	A 3
	4		–	

Repeat Measures (1 - 4)

Mary Had a Little Lamb

Nursery Rhyme

Tablature by Joe Caligiuri

Left Hand   Right Hand

Keyboard: Sing   4 G   3 A   2 B   (C) 1   2 D

Measure	Count	Hand	Sing	Note
1	1	1	Mar-	B 2
	2	2	y	A 3
	3	3	had	G 4
	4	4	a	A 3
2	1	1	lit-	B 2
	2	2	tle	B 2
	3	3	-	B 2
	4		lamb,	
3	1	1	lit-	A 3
	2	2	tle	A 3
	3	3	-	A 3
	4		lamb,	
4	1	1	lit-	B 2
	2	2	tle	D 2
	3	3	-	D 2
	4		lamb,	
5	1	1	Mar-	B 2
	2	2	y	A 3
	3	3	had	G 4
	4	4	a	A 3
6	1	1	lit-	B 2
	2	2	tle	B 2
	3	3	lamb,	B 2
	4	4	whose	B 2
7	1	1	fleece	A 3
	2	2	was	A 3
	3	3	white	B 2
	4	4	as	A 3
8	1	1	snow.	G 4
	2		-	
	3			
	4			

2

Row, Row, Row Your Boat

Nursery Rhyme

Tablature by Joe Caligiuri

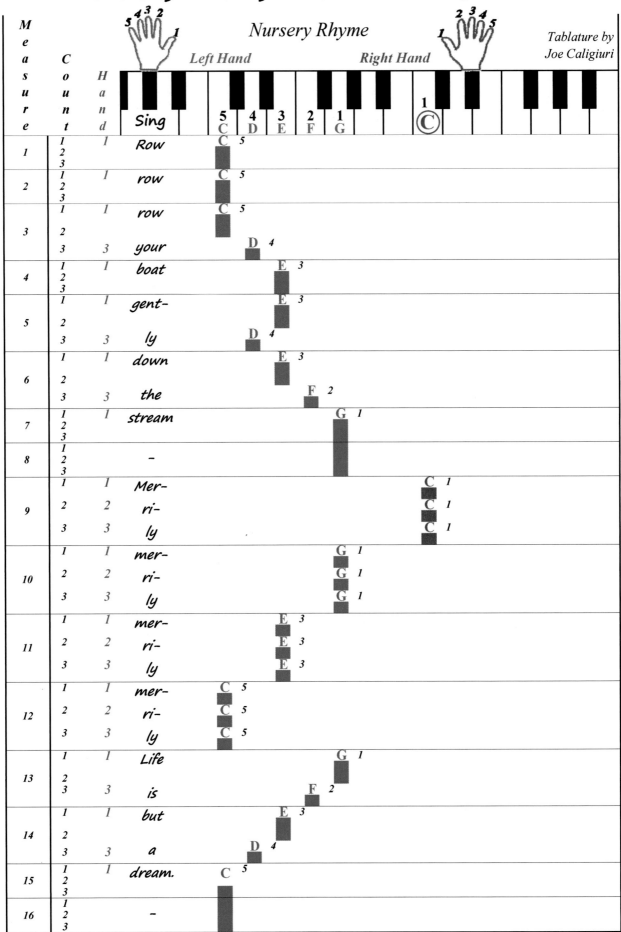

Yankee Doodle

American Folk Song

Tablature by Joe Caligiuri

4

B-I-N-G-O

Folk Song

Tablature by Joe Caligiuri

Cheerfully

Left Hand   Right Hand

Measure	Count	Hand	Sing	G 4	A 3	B 2	C 1	D 2	E 3	F 4	G 4	A 3	B 2
	4	4	There	G 4									
1	1	1	was				C 1						
	2	2	a				C 1						
	3	3	farm-	G 4									
	4	4	er	G 4									
2	1	1	had		A 3								
	2	2	a		A 3								
	3	3	dog	G 4									
	4	4	and	G 4									
3	1	1	Bing				C 1						
	2	2	o				C 1						
	3	3	was					D 2					
	4	4	his					D 2					
4	1	1	name						E 3				
	2												
	3	3	-				C 1						
	4												
5	1	1	B						E 3				
	2		-										
	3	3	I						E 3				
	4		-										
6	1	1	N							F 4			
	2	2	G							F 4			
	3	3	O,							F 4			
	4		-										
7	1	1	B					D 2					
	2		-										
	3	3	I					D 2					
	4		-										
8	1	1	N						E 3				
	2	2	G						E 3				
	3	3	O,						E 3				
	4		-										
9	1	1	B				C 1						
	2		-										
	3	3	I				C 1						
	4		-										
10	1	1	N					D 2					
	2	2	G					D 2					
	3	3	O					D 2					
	4	4	and				C 1						
11	1	1	Bing			B 2							
	2	2	o	G 4									
	3	3	was		A 3								
	4	4	his			B 2							
12	1	1	name				C 1						
	2		-										
	3	3	o·				C 1						
	4		-										

The Muffin Man

Nursery Rhyme

Tablature by Joe Caligiuri

Left Hand   Right Hand

Measure	Count	Hand	Sing	Note
1	1	1	Do	G 4
	2	2	you	C 1
	3	3	know	C 1
	4	4	the	D 2
2	1	1	muf-	E 3
	2	2	fin	C 1
	3	3	man,	C 1
	4	4	the	B 2
3	1	1	muf-	A 3
	2	2	fin	D 2
	3	3	man,	D 2
	4	4	the	C 1
4	1	1	muf-	B 2
	2	2	fin	G 4
	3	3	man?	G 4
	4	4	–	
5	1	1	Do	G 4
	2	2	you	C 1
	3	3	know	C 1
	4	4	the	D 2
6	1	1	muf-	E 3
	2	2	fin	C 1
	3	3	man	C 1
	4	4	who	C 1
7	1	1	lives	D 2
	2	2	on	D 2
	3	3	Dru-	G 4
	4	4	ry	G 4
8	1	1	Lane?	C 1
	2		–	
	3		–	
	4		–	

Keyboard labels: G 4 · A 3 · B 2 · C 1 · D 2 · E 3

Pop Goes the Weasel

Nursery Rhyme

Playfully

Tablature by Joe Caligiuri

Left Hand — Right Hand

Keyboard reference: **Sing** | **1 G** | **C** (1) | **2 D** | **3 E** | **4 F** | **5 G** | **5 A**

Measure	Count	Hand	Sing	Note
				G 1
1	1	1	All	C 1
	2			C
	3	3	a-	C 1
2	1	1	round	D 2
	2			D
	3	3	the	D 2
3	1	1	mul-	E 3
	2	2	ber-	G 5
	3	3	y	E 3
4	1	1	bush,	C 1
	2			C
	3	3	The	G 1
5	1	1	mon-	C 1
	2			C
	3	3	key	C 1
6	1	1	chased	D 2
	2			D
	3	3	the	D 2
7	1	1	wea-	E 3
	2			E
	3			
8	1	1	sel·	C 1
	2			C
	3	3	The	G 1
9	1	1	mon-	C 1
	2			C
	3	3	key	C 1
10	1	1	thought	D 2
	2			D
	3	3	twas	D 2
11	1	1	all	E 3
	2	2	-	G 5
	3	3	in	E 3
12	1	1	fun·	C 1
	2		-	C
	3			
13	1	1	Pop!	A 5
	2			x
	3			
14	1	1	goes	D 2
	2		-	D
	3	3	the	F 4
15	1	1	wea-	E 3
	2		-	E
	3			
16	1	1	sel·	C 1
	2		-	C
	3			

Peter Peter Pumpkin Eater

Nursery Rhyme

Tablature by Joe Caligiuri

Moderately Fast

Left Hand   Right Hand

Measure	Count	Hand	Sing								
				F 5	G 4	A 3	B 2	C 1	D 2	E 3	F / G / A
1	1	1	Pe-								A 5
	2	2	ter,							F 3	
	3	3	Pe-							G 4	
	4	4	ter							F 3	
2	1	1	pump-					D 1			
	2	2	kin							F 3	
	3	3	eat-				C 1				
	4	4	ter							F 3	
3	1	1	had								A 5
	2	2	a							F 3	
	3	3	wife							G 4	
	4	4	and							F 3	
4	1	1	could-					D 1			
	2	2	n't							F 3	
	3	3	keep				C 1				
	4	4	her.							F 3	
5	1	1	Put								A 5
	2	2	her							F 3	
	3	3	in							G 4	
	4	4	a							F 3	
6	1	1	pump-					D 1			
	2	2	kin							F 3	
	3	3	shell				C 1				
	4	4	and							F 3	
7	1	1	there			A 3					
	2	2	he							F 3	
	3	3	kept		G 4						
	4	4	her							F 3	
8	1	1	ve-	F 5							
	2	2	ry	F 5							
	3	3	well.	F 5							
	4		–								

A Tisket A Tasket

Nursery Rhyme

Measure	Count	Hand	Sing							
			A						G	4
1	1	1	Tis-						G	4
	2		-							
	3	3	ket				E	2		
	4	4	a						F	3
2	1	1	Tas-						G	4
	2		-							
	3	3	ket				E	2		
	4	4	a						F	3
3	1	1	brown						G	4
	2	2	and						G	4
	3	3	yel-				E	2		
	4	4	low						F	3
4	1	1	bas-						G	4
	2		-							
	3	3	ket				E	2		
	4	4	I				E	2		
5	1	1	sent						F	3
	2	2	a						F	3
	3	3	let-		D	1				
	4	4	ter		D	1				
6	1	1	to						F	3
	2	2	my						F	3
	3	3	mom-		D	1				
	4	4	my		D	1				
7	1	1	on						G	4
	2	2	the						F	3
	3	3	way				E	2		
	4	4	I		D	1				
8	1	1	dropped				E	2		
	2		-							
	3	3	it.	C	1					
	4		-							

9

Hey Diddle Diddle

Mother Goose

Left Hand   Right Hand

Tablature by Joe Caligiuri

Measure	Count	Hand	Sing	4 A	3 B	C	1 D	1 E	F	3 G	4 A	5 B					
1	1	1	Hey						F# 2								
	2	2	did-						F# 2								
	3	3	dle,						F# 2								
	4	4	did-						F# 2								
	5	5	dle,							G 3							
	6	6	the								A 4						
2	1	1	cat					E 1									
	2	2	and					E 1									
	3	3	the					E 1									
	4	4	fid-					E 1									
	5	5	dle,				D 1										
	6	6	the					E 1									
3	1	1	cow						F# 2								
	2		-														
	3	3	jumped						F# 2								
	4	4	o-						F# 2								
	5	5	ver							G 3							
	6	6	the								A 4						
4	1	1	moon.					E 1									
	2		-														
	3																
	4		-														
	5																
	6	6	The						F# 2								
5	1	1	lit-							G 3							
	2	2	tle							G 3							
	3	3	dog							G 3							
	4	4	lau							G 3							
	5	5	ghed								A 4						
	6	6	to									B 5					
6	1	1	see								A 4						
	2		-														
	3	3	such						F# 2								
	4	4	sport,				D 1										
	5	5	and					E 1									
	6	6	the						F# 2								
7	1	1	dish	A 4													
	2	2	ran	A 4													
	3	3	a-	A 4													
	4	4	way	A 4													
	5	5	with		B 3												
	6	6	the			C# 2											
8	1	1	spoon.				D 1										
	2		-														
	3																
	4																
	5		-														
	6																

10

Rock-a-Bye Baby

Lullaby

Tablature by Joe Caligiuri

Measure	Count	Hand	Sing					
1	1	1	Rock-	B 3				
	2	2	a-		D 1			
	3	3	bye					B 5
	4	4	ba				A 4	
	5		–					
	6	6	by			G 3		
2	1	1	on	B 3				
	2	2	the		D 1			
	3	3	tree			G 3		
	4	4	top,			F# 2		
	5		–					
	6		–					
3	1	1	when	C 2				
	2	2	the		D 1			
	3	3	wind					C 5
	4	4	blows,					B 5
	5		–					
	6	6	the				A 4	
4	1	1	cra-				A 4	
	2	2	dle			G 3		
	3	3	will		E 1			
	4	4	rock.	D 1				
	5		–					
	6							
5	1	1	When	B 3				
	2	2	the		D 1			
	3	3	bough					B 5
	4	4	breaks,				A 4	
	5		–					
	6	6	the			G 3		
6	1	1	cra-	B 3				
	2	2	dle		D 1			
	3	3	will			G 3		
	4	4	fall,			F# 2		
	5		–					
	6	6	and		E 1			
7	1	1	down	D 1				
	2	2	will			G 3		
	3	3	come					C 5
	4	4	ba					B 5
	5		–					
	6	6	by,			G 3		
8	1	1	cra-				A 4	
	2	2	dle		E 1			
	3	3	and			F# 2		
	4	4	all!			G 3		
	5		–					
	6							

Hush Little Baby

Lullaby

Tablature by
Joe Caligiuri

Gently

Left Hand   Right Hand

Measure / Count / Hand

Sing | G | C | D E F

Measure	Count	Hand	Sing		
1	1	1	Hush,	G	1
	2		–		
	3	3	lit-		E 3
	4	4	tle		E 3
2	1	1	ba		E 3
	2		–		
	3	3	by,		F 4
	4		–		
3	1	1	don't		E 3
	2		–		
	3	3	say		D 2
	4	4	a		D 2
4	1	1	word;		D 2
	2				
	3		–		
	4				
5	1	1	Pa-	G	1
	2	2	pa's	G	1
	3	3	gon-		D 2
	4	4	na		D 2
6	1	1	buy		D 2
	2		–		
	3	3	you		D 2
	4	4	a		E 3
7	1	1	mock-		D 2
	2		–		
	3	3	ing	C	1
	4		–		
8	1	1	bird.	C	1
	2				
	3		–		
	4				
9	1	1	If	G	1
	2		–		
	3	3	that		E 3
	4				
10	1	1	mock-		E 3
	2		–		
	3	3	ing		F 4
	4		–		
11	1	1	bird		E 3
	2		–		
	3	3	don't		D 2
	4				
12	1	1	sing,		D 2
	2				
	3		–		
	4				
13	1	1	Pa-	G	1
	2	2	pa's	G	1
	3	3	gon-		D 2
	4	4	na		D 2
14	1	1	buy		D 2
	2		–		
	3	3	you		D 2
	4	4	a		E 3
15	1	1	dia		D 2
	2		–		
	3	3	mond	C	1
	4		–		
16	1	1	ring.	C	1
	2				
	3		–		
	4				

Lullaby

Johannes Brahms

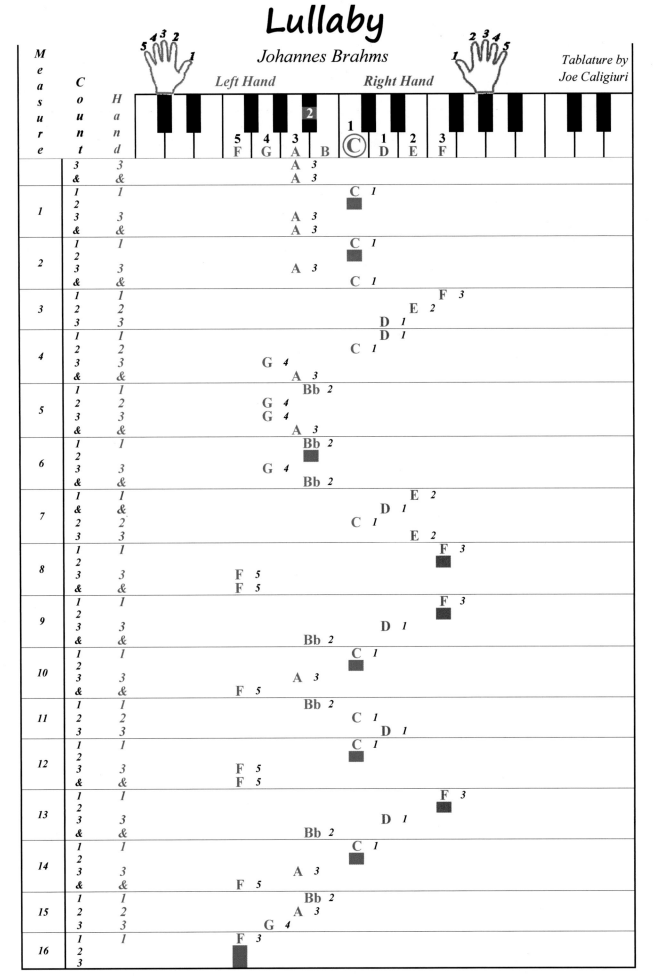

Are You Sleeping

(Brother John)

Tablature by Joe Caligiuri

14

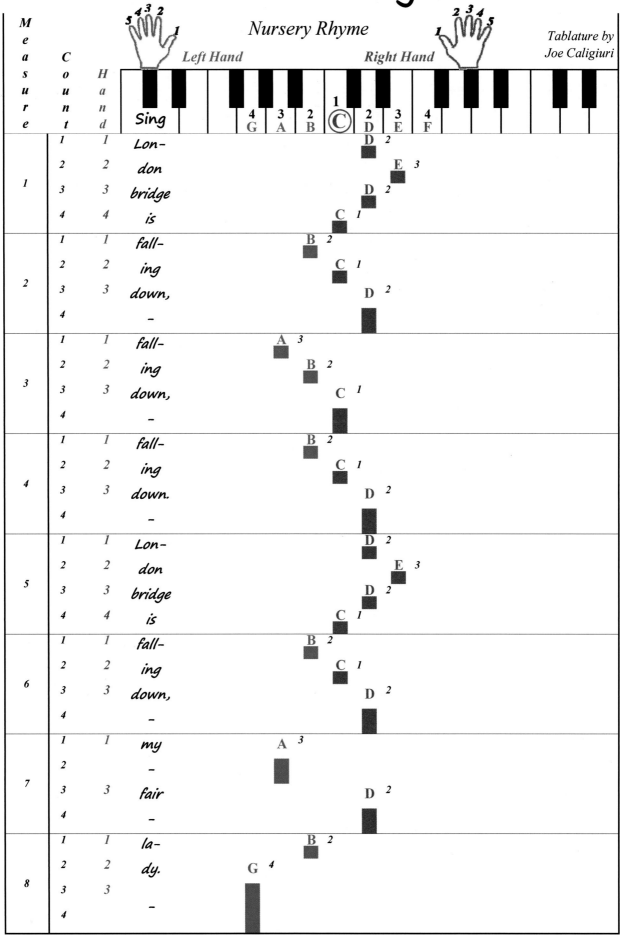

Do Your Ears Hang Low?

Children's Song

Left Hand   Right Hand

Tablature by
Joe Caligiuri

Keyboard reference: Sing | 4 A | B | © C 2 | 1 D | 1 E | 2 F | 3 G | 4 A A

Measure	Count	Hand	Sing	Notes
	4	4	Do	A 4
	&	&	your	G 3
1	1 &	1	ears	F 2
1	2 &	2	hang	F 2
1	3 &	3	low?	F 2
1				F 2
1	4	4	Do	A 4
1	&	&	they	Bb 3
2	1	1	wob-	C 2
2	&	&	ble	D 1
2	2	2	to	C 2
2	&	&	and	A 4
2	3	3	fro?	C 2
2	&	4	-	
2	4	4	Can	F 2
2	&	&	you	G 3
3	1	1	tie	A 4
3	&	&	them	A 4
3	2	2	in	A 4
3	&	&	and	A 4
3	3	3	knot?	A 4
3	&			
3	4	4	Can	F 2
3	&	&	you	G 3
4	1	1	tie	A 4
4	&	&	them	G 3
4	2	2	in	G 3
4	&	&	a	Gb 2
4	3	3	bow?	G 3
4	&			
4	4	4	Can	A 4
4	&	&	you	G 3
5	1	1	throw	F 2
5	&	&	them	F 2
5	2	2	o'er	F 2
5	&	&	your	G 3
5	3	3	shoul-	F 2
5	&	&	der	C 2
5	4	4	like	A 4
5	&	&	and	Bb 3
6	1	1	con-	C 2
6	&	&	ti-	D 1
6	2	2	nen-	C 2
6	&	&	tal	A 4
6	3	3	sol-	C 2
6	&	&	dier?	C 2
6	4	4	Do	F 2
6	&	&	your	G 3
7	1	1	ears	A 4
7	2		-	
7	3	3	hang	G 3
7	4		-	
8	1	1	low?	F 2
8	2			
8	3		-	
8	4			

It's Raining, It's Pouring

Children's Song

Tablature by Joe Caligiuri

Left Hand — Right Hand

Keyboard reference: Sing | C | 1 D | 2 E | 3 F | 4 G | 5 A

Measure	Count	Hand	Sing	C	D (1)	E (2)	F (3)	G (4)	A (5)
	3	3	It's					G 4	
1	1	1	rain-					G 4	
1	2		-						
1	3		-						
2	1	1	ing			E 2			
2	2		-						
2	3	3	it's						A 5
3	1	1	pour-					G 4	
3	2		-						
3	3		-						
4	1	1	ing,			E 2			
4	2								
4	3	3	the				F 3		
5	1	1	old					G 4	
5	2		-						
5	3		-						
6	1	1	man			E 2			
6	2		-						
6	3	3	is						A 5
7	1	1	snor-					G 4	
7	2		-						
7	3		-						
8	1	1	ing.			E 2			
8	2								
8	3	3	He			E 2			
9	1	1	went				F 3		
9	2		-						
9	3	3	to				F 3		
10	1	1	bed		D 1				
10	2		-						
10	3	3	and		D 1				
10	&	&	he		D 1				
11	1	1	bumped				F 3		
11	2		-						
11	3	3	his				F 3		
12	1	1	head		D 1				
12	2		-						
12	3	3	and		D 1				
12	&	&	he		D 1				
13	1	1	couldn't					G 4	
13	2		-						
13	3	3	get					G 4	
14	1	1	up					G 4	
14	2	2	in				F 3		
14	3	3	the		D 1				
15	1	1	morn-			E 2			
15	2		-						
15	3								
16	1	1	ing.	C 1					
16	2		-						
16	3								

Shoo Fly

Children's Song

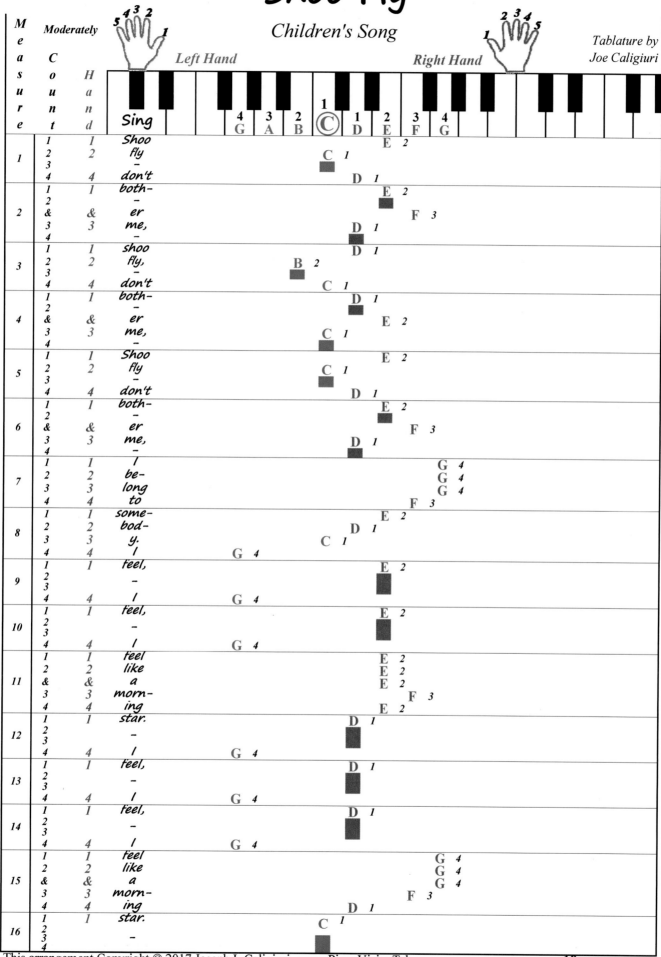

Baa Baa Black Sheep

Folk Song

Tablature by
Joe Caligiuri

Alphabet Song
Traditional

Left Hand   Right Hand

Tablature by Joe Caligiuri

Keyboard reference: Sing | C 1 | D 1 | E 2 | F 3 | G 4 | A 5

Measure	Count	Hand	Sing	C	D	E	F	G	A
1	1	1	A	C 1					
	2	2	B	C 1					
	3	3	C					G 4	
	4	4	D					G 4	
2	1	1	E						A 5
	2	2	F						A 5
	3	3	G					G 4	
	4								
3	1	1	H				F 3		
	2	2	I				F 3		
	3	3	J			E 2			
	4	4	K			E 2			
4	1	1	L		D 1				
	&	&	M		D 1				
	2	2	N		D 1				
	&	&	O		D 1				
	3	3	P	C 1					
	4								
5	1	1	Q					G 4	
	2	2	R					G 4	
	3	3	S				F 3		
	4								
6	1	1	T			E 2			
	2	2	U			E 2			
	3	3	V		D 1				
	4								
7	1	1	Dou-					G 4	
	&	&	ble					G 4	
	2	2	u					G 4	
	3	3	X				F 3		
	4								
8	1	1	Y			E 2			
	2	2	and			E 2			
	3	3	Z.		D 1				
	4								
9	1	1	Now	C 1					
	2	2	I	C 1					
	3	3	know					G 4	
	4	4	my					G 4	
10	1	1	A						A 5
	2	2	B						A 5
	3	3	C's.					G 4	
	4								
11	1	1	Next				F 3		
	2	2	time				F 3		
	3	3	won't			E 2			
	4	4	you			E 2			
12	1	1	sing		D 1				
	2	2	with		D 1				
	3	3	me !	C 1					
	4								

Michael Row the Boat Ashore

Traditional Spiritual

Tablature by
Joe Caligiuri

Measure	Count	Hand	Sing								
						C 2	D 1	E 1	F 2	G 3	A 4
	3	3	Mi –			C 2					
	4	4	chael					E 1			
1	1 & 2	1	row							G 3	
	& 3	& 3	the boat					E 1		G 3	
	4	4	a –								A 4
2	1	1	shore,							G 3	
	2										
	3	3	Hal –					E 1			
	4	4	le –							G 3	
3	1	1	lu								A 4
	2										
	3		–								
	4										
4	1	1	jah!							G 3	
	2										
	3	3	Mi –					E 1			
	4	4	chael							G 3	
5	1 & 2	1	row							G 3	
	& 3	& 3	the boat					E 1	F 2		
	4	4	a –					E 1			
6	1	1	shore				D 1				
	2										
	3	3	Hal –			C 2					
	4	4	le –				D 1				
7	1	1	lu					E 1			
	2										
	3	3	–				D 1				
	4										
8	1	1	jah!			C 2					
	2 3 4		–								

21

Lightly Row

American Children's Song

Tablature by Joe Caligiuri

Moderately

Left Hand / Right Hand

Sing

Keyboard labels: 5 C, 4 D, 3 E, 2 F, 1 G, ©C 1, 2 D, 3 E, 4 F, 5 G

Measure	Count	Hand	Sing	Notes
1	1	1	Light-	G 5
	2	2	ly	E 3
	3	3	row,	E 3
	4		–	
2	1	1	light-	F 4
	2	2	ly	D 2
	3	3	row,	D 2
	4		–	
3	1	1	o'er	C 1
	2	2	the	D 2
	3	3	glas-	E 3
	4	4	sy	F 4
4	1	1	waves	G 5
	2	2	we	G 5
	3	3	go!	G 5
	4		–	
5	1	1	Smoth-	G 1
	2	2	ly	E 3
	3	3	glide,	E 3
	4		–	
6	1	1	smoth-	F 2
	2	2	ly	D 4
	3	3	glide,	D 4
	4		–	
7	1	1	on	C 5
	2	2	the	E 3
	3	3	si-	G 1
	4	4	lent	G 1
8	1	1	tide!	E 3
	2			
	3		–	
	4			
9	1	1	Let	D 2
	2	2	the	D 2
	3	3	winds	D 2
	4	4	and	D 2
10	1	1	wa-	D 2
	2	2	ter	E 3
	3	3	be	F 4
	4		–	
11	1	1	ming-	E 3
	2	2	led	E 3
	3	3	with	E 3
	4	4	our	E 3
12	1	1	mel-	E 3
	2	2	o-	F 2
	3	3	dy.	G 1
	4		–	
13	1	1	Sing	G 5
	2	2	and	E 3
	3	3	float,	E 3
	4		–	
14	1	1	sing	F 4
	2	2	and	D 2
	3	3	float,	D 2
	4		–	
15	1	1	in	C 1
	2	2	our	E 3
	3	3	lit-	G 5
	4	4	tle	G 5
16	1	1	boat!	C 1
	2			
	3		–	
	4			

The Mulberry Bush

Traditional

Tablature by Joe Caligiuri

Measure	Count	Hand	Sing									
				3 G	2 A	1 B	C 1	2 D	3 E	4 F	5 G	
1	1	1	Here				C	1				
	2	2	we				C	1				
	3	3	go				C	1				
2	1	1	'round				C	1				
	2		-									
	3	3	the						E	3		
3	1	1	mul-								G	5
	2	2	ber-								G	5
	3	3	ry						E	3		
4	1	1	bush,				C	1				
	2		-									
	3	3	the				C	1				
5	1	1	mul-					D	2			
	2	2	ber-					D	2			
	3	3	ry					D	2			
6	1	1	bush					D	2			
	2		-									
	3	3	the					D	2			
7	1	1	mul-			B	1					
	2	2	ber-			B	1					
	3	3	ry		A	2						
8	1	1	bush.	G	3							
	2		-									
	3											
9	1	1	Here				C	1				
	2	2	we				C	1				
	3	3	go				C	1				
10	1	1	'round				C	1				
	2		-									
	3	3	the						E	3		
11	1	1	mul-								G	5
	2	2	ber-								G	5
	3	3	ry						E	3		
12	1	1	bush,				C	1				
	2		-									
	3	3	so				C	1				
13	1	1	ear-					D	2			
	2		-									
	3	3	ly					D	2			
14	1	1	in	G	3							
	2		-	G	3							
	3	3	the	G	3							
15	1	1	morn-				C	1				
	2		-									
	3											
16	1	1	ing.				C	1				
	2		-									
	3											

On Top of Old Smokey

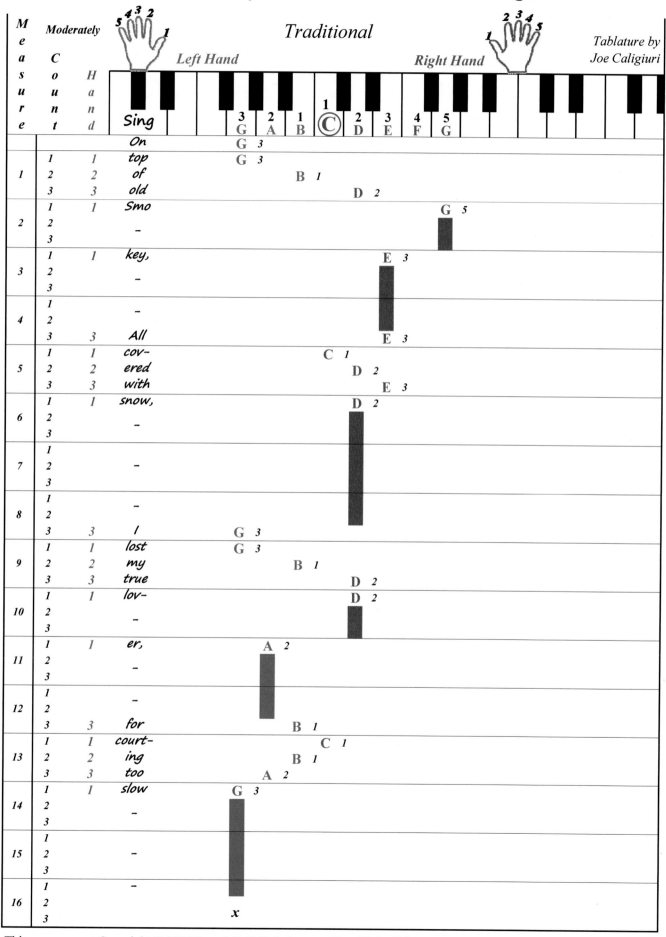

Traditional

Tablature by
Joe Caligiuri

Humpty Dumpty

Traditional

Tablature by Joe Caligiuri

Left Hand **Right Hand**

Sing — C — | G(1) A(2) B(3) | C D E

Measure	Count	Hand	Sing					
1	1	1	Hump	G 1				
	2		–	G				
	3	3	ty	G 1				
2	1	1	Dump		B 3			
	2		–		B			
	3	3	ty		B 3			
3	1	1	sat	A 2				
	2	2	on		B 3			
	3	3	a	A 2				
4	1	1	wall.	G 1				
	2		–	G				
	3			x				
5	1	1	Hump		B 1	Change hand fingering		
	2		–		B			
	3	3	ty		B 1			
6	1	1	Dump			D 3		
	2		–			D		
	3	3	ty			D 3		
7	1	1	had		C 2			
	2	2	a			D 3		
	3	3	great		C 2			
8	1	1	fall.		B 1			
	2		–					
	3							
9	1	1	All				E 5	
	2	2	the				E 5	
	3	3	king's				E 5	
10	1	1	hors-			D 4		
	2	2	es			D 4		
	3	3	and			D 4		
11	1	1	all				E 5	
	2	2	the				E 5	
	3	3	king's				E 5	
12	1	1	men			D 4		
	2		–					
	3							
13	1	1	could		C 3			
	2	2	not		C 3			
	3	3	put		C 3			
14	1	1	Hump-		B 2			
	2	2	ty		B 2			
	3	3	to-		B 2			
15	1	1	geth-	A 1				
	2	2	er		B 2			
	3	3	a-	A 1				
16	1	1	gain.	G 1				
	2		–					
	3							

Down by the Station

Moderately — *Nursery Rhyme* — *Tablature by Joe Caligiuri*

Measure	Count	Hand	Sing	Note	Finger
1	1	1	Down	C	1
	2		-		
	3	3	by	C	1
	4	4	the	D	2
2	1	1	sta-	E	3
	2		-		
	3	3	tion	E	3
	4		-		
3	1	1	ear-	D	2
	2	2	ly	C	1
	3	3	in	D	2
	4	4	the	E	3
4	1	1	morn-	C	1
	2		-		
	3	3	ing,	G	1
	4		-		
5	1	1	see	C	1
	2	2	the	C	1
	3	3	lit-	C	1
	4	4	tle	D	2
6	1	1	puf-	E	3
	2	2	fer-	E	3
	3	3	bill-	E	3
	4	4	lies	E	3
7	1	1	all	D	2
	2		-		
	3	3	in	D	2
	4		a	E	3
8	1	1	row.	C	1
	2				
	3		-		
	4				
9	1	1	See	C	1
	2	2	the	C	1
	3	3	en-	C	1
	4	4	gine	D	2
10	1	1	driv-	E	3
	2		-		
	3	3	er	E	3
	4		-		
11	1	1	pull	D	2
	2	2	the	C	1
	3	3	lit-	D	2
	4	4	tle	E	3
12	1	1	han-	C	1
	2		-		
	3	3	dle.	G	1
	4		-		
13	1	1	Choo!	C	1
	2		-		
	3	3	Choo!	C	1
	4		-		
14	1	1	Toot!	G	5
	2		-		
	3	3	Toot!	G	5
	4		-		
15	1	1	Off	D	2
	2		-		
	3	3	they	E	3
	4		-		
16	1	1	go.	C	1
	2				
	3		-		
	4				

He's Got the Whole World

Traditional

Tablature by Joe Caligiuri

This Old Man

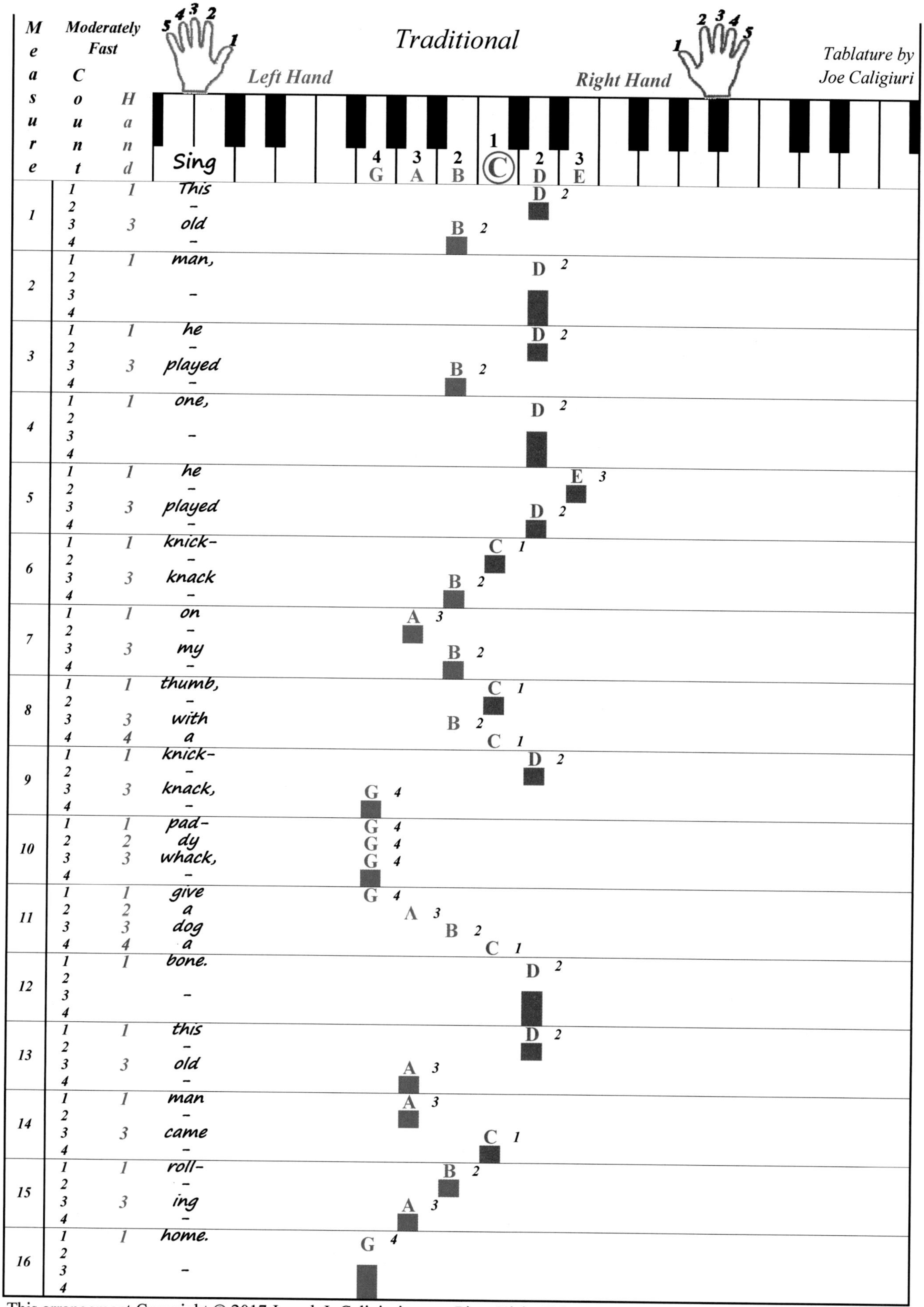

Measure
Count
Hand
Moderately Fast
Traditional
Tablature by Joe Caligiuri
Left Hand
Right Hand
Sing
G A B C D E
This - old - man, - he - played one, - he - played - knick- - knack - on - my - thumb, - with a knick- - knack, - pad- dy whack, - give a dog a bone. - this - old - man - came - roll- - ing - home. -

Happy Birthday to You

Patty & Mildred Hill

Tablature by Joe Caligiuri

Ode to Joy

Beethoven

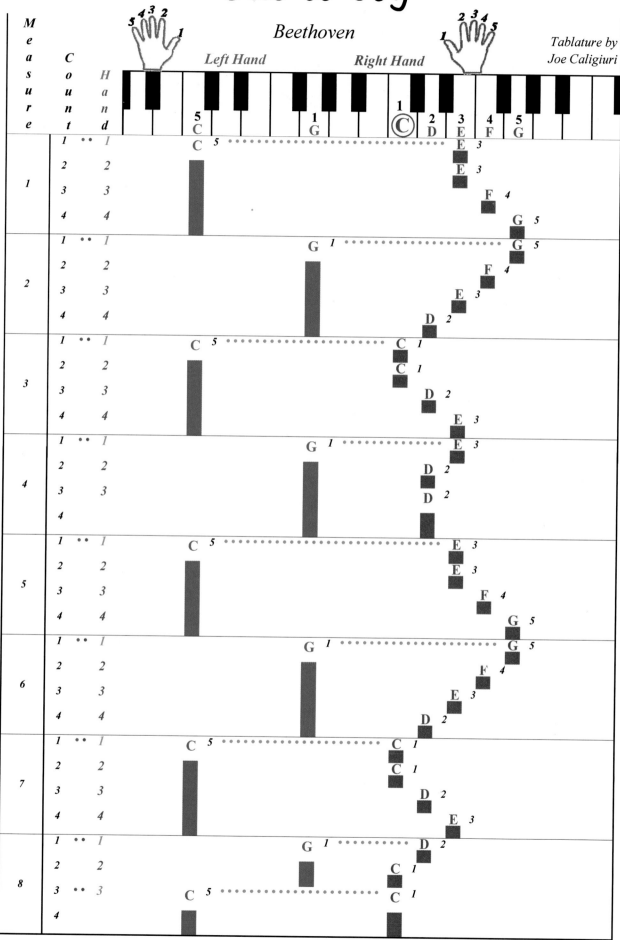

Old MacDonald Had a Farm

Lively

Traditional

(Page 1 of 2)

Tablature by Joe Caligiuri

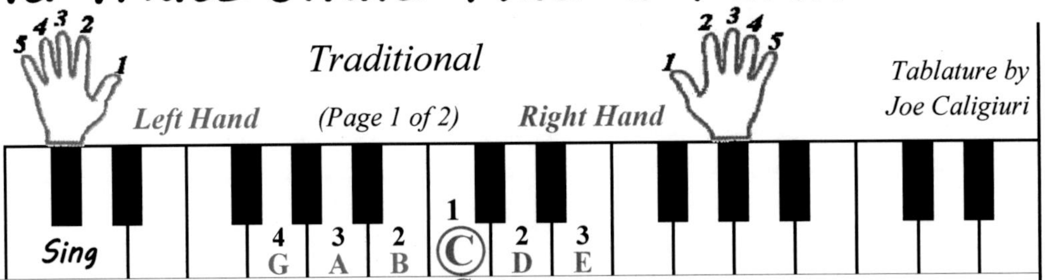

Measure	Count	Hand	Sing	Note	Finger
1	1	1	Old	C	1
	2	2	Mac	C	1
	3	3	Don-	C	1
	4	4	ald	G	4
2	1	1	had	A	3
	2	2	a	A	3
	3	3	farm,	G	4
	4		-		
3	1	1	E	E	3
	2	2	I	E	3
	3	3	E	D	2
	4	4	I	D	2
4	1	1	O	C	1
	2		-		
	3		-		
	4	4	And	G	4
5	1	1	on	C	1
	2	2	his	C	1
	3	3	farm	C	1
	4	4	he	G	4
6	1	1	had	A	3
	2	2	a	A	3
	3	3	cow,	G	4
	4		-		
7	1	1	E	E	3
	2	2	I	E	3
	3	3	E	D	2
	4	4	I	D	2
8	1	1	O	C	1
	2		-		
	3		-		
	4	4	With	G	4
	&	&	a	G	4

Old MacDonald Had a Farm

Lively

Traditional

Left Hand (Page 2 of 2) Right Hand

Tablature by Joe Caligiuri

Measure	Count	Hand	Sing						
				4 G	3 A	2 B	1 ©C	2 D	3 E
9	1	1	moo				C 1		
	2	2	moo				C 1		
	3	3	here				C 1		
	4 &	4 &	and a	G 4 G 4					
10	1	1	moo				C 1		
	2	2	moo				C 1		
	3	3	there				C 1		
	4		-						
11	1 &	1 &	here a				C 1 C 1		
	2 &	2	moo				C 1		
	3 &	3 &	there a				C 1 C 1		
	4 &	4	moo				C 1		
12	1 &	1 &	eve- ry				C 1 C 1		
	2 &	2 &	where a				C 1 C 1		
	3 &	3	moo				C 1		
	4 &	4	moo.				C 1		
13	1	1	Old				C 1		
	2	2	Mac				C 1		
	3	3	Don-				C 1		
	4	4	ald	G 4					
14	1	1	had		A 3				
	2	2	a		A 3				
	3	3	farm	G 4					
	4		-						
15	1	1	E						E 3
	2	2	I						E 3
	3	3	E					D 2	
	4	4	I					D 2	
16	1	1	O.				C 1		
	2		-						
	3		-						
	4		-						

Three Blind Mice

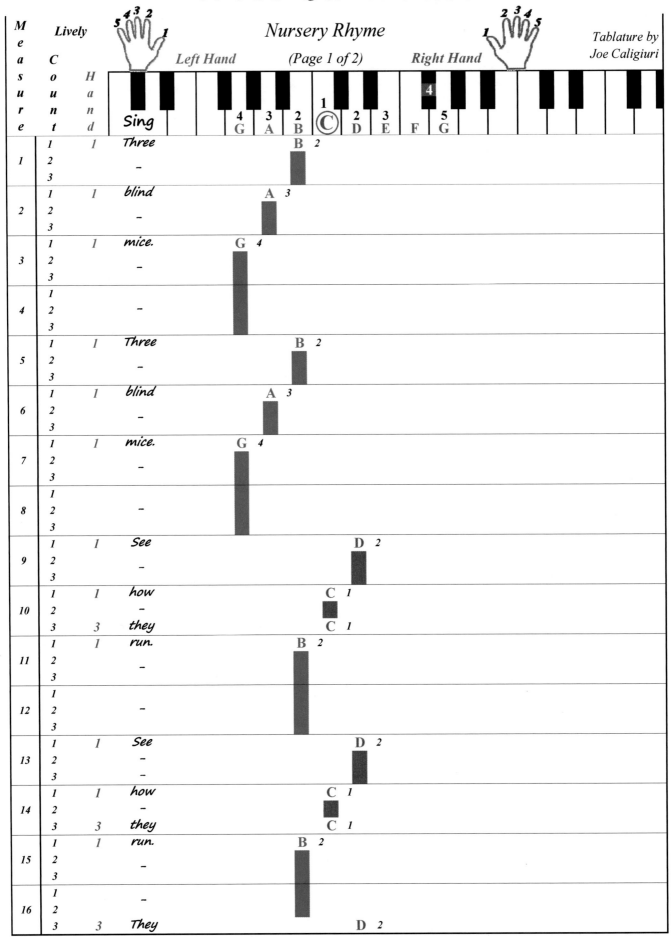

Three Blind Mice

Nursery Rhyme

(Page 2 of 2)

Left Hand   Right Hand

Tablature by Joe Caligiuri

When the Saints Go Marching In

Lively

American Gospel Hymn

Left Hand   (Page 1 of 2)   Right Hand

Tablature by Joe Caligiuri

Sing   4 G 3 A 2 B 1 ©C 2 D

Measure	Count	Hand		
1	1			
	2	2	Oh,	G 4
	3	3	when	B 2
	4	4	the	C 1
2	1	1	saints	D 2
	2		-	
	3		-	
	4		-	
3	1			
	2	2	go	G 4
	3	3	march-	B 2
	4	4	ing	C 1
4	1	1	in	D 2
	2		-	
	3		-	
	4		-	
5	1			
	2	2	Oh,	G 4
	3	3	when	B 2
	4	4	the	C 1
6	1	1	saints	D 2
	2		-	
	3	3	go	B 2
	4		-	
7	1	1	march-	G 4
	2		-	
	3	3	ing	B 2
	4		-	
8	1	1	in	A 3
	2		-	
	3		-	
	4		-	

When the Saints Go Marching In

American Gospel Hymn

(Page 2 of 2)

Tablature by Joe Caligiuri

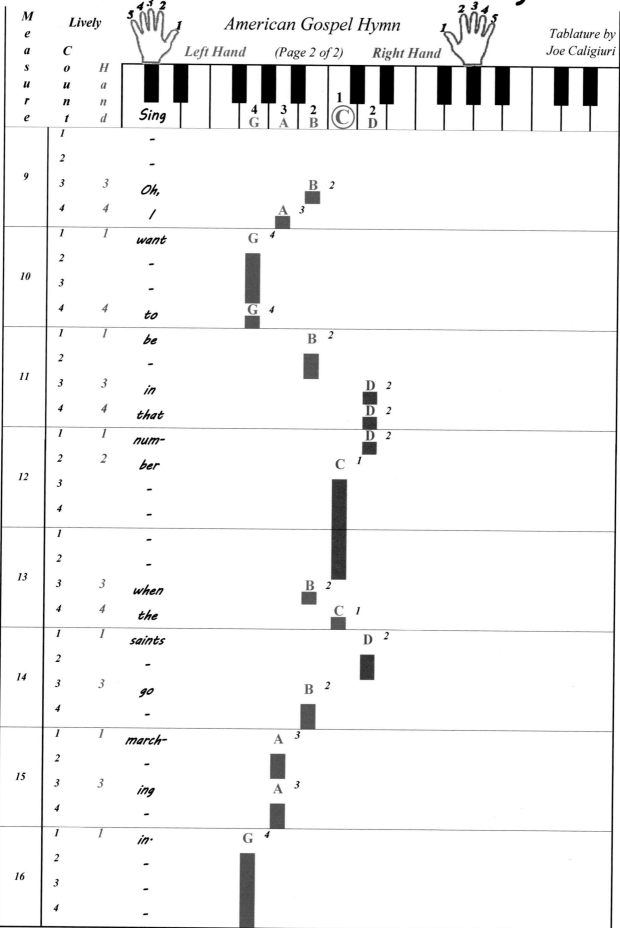

The Hokey Pokey

Traditional
(Page 1 of 2)

Tablature by Joe Caligiuri

Moderately Fast

Left Hand — Right Hand

Hand positions: Left Hand fingers 5 4 3 2 1; Right Hand fingers 1 2 3 4 5

Keyboard labels: Sing | 5 C | 4 D | 3 E | 2 F | ... | ①C | 2 D | 3 E | 4 F

Measure	Count	Hand	Sing	Left Hand	Right Hand
1	1	1			C 1
	2	2			C 1
	3				
	4	4			C 1
2	1	1			D 2
	2				
	3	3			E 3
	4				
3	1	1			F 4
	2				
	3				
	4				
4	1				
	2	2	You		C 1
	3	3	put		D 2
	4	4	your		C 1
5	1	1	right	F 2 · · · · · · · · ·	F 4
	2		-		
	3	3	foot		F 4
	4	4	in,		F 4
6	1				
	2	2	you		C 1
	3	3	put		D 2
	4	4	your		C 1
7	1	1	right	F 2 · · · · · · · · ·	F 4
	2		-		
	3	3	foot		F 4
	4	4	out,		F 4
8	1				
	2	2	you		C 1
	3	3	put		D 2
	4	4	your		C 1
9	1	1	right	F 2 · · · · · · · · ·	F 4
	2		-		
	3	3	foot		F 4
	4	4	in		F 4
10	1				
	2	2	and		C 1
	3	3	you		D 2
	4	4	-		C 1

The Hokey Pokey

Traditional
(Page 2 of 2)

Left Hand — Right Hand

Tablature by Joe Caligiuri

Moderately Fast

Measure	Count	Hand	Sing	Left Hand	Right Hand
11	1	1	shake	C 5	E 3
	2	2	it		E 3
	3	3	all		E 3
	4	4	a-		E 3
12	1	1	bout,		E 3
	2		–		(E)
	3				x
	4	4	you		C 1
13	1	1	do	C 5	E 3
	2	2	the		E 3
	3	3	ho-		E 3
	4	4	key		E 3
14	1	1	po-		E 3
	2	2	key		C 1
	3	3	and		D 2
	4	4	you		C 1
15	1	1	turn	C 5	E 3
	2	2	your-		E 3
	3	3	self		E 3
	4	4	a-		E 3
16	1	1	round,		E 3
	2		–		
	3				
	4			x	x
17	1	1	that's	C 5	C 1
	2	2	what	C 5	C 1
	3			x	x
	4	4	it's	C 5	C 1
18	1	1	all	D 4	D 2
	2		–		
	3	3	a-	E 3	E 3
	4		–		
19	1	1	bout!	F 2	F 4
	2				
	3		–		
	4				
20	1				
	2				
	3		–		
	4				

This Little Light of Mine

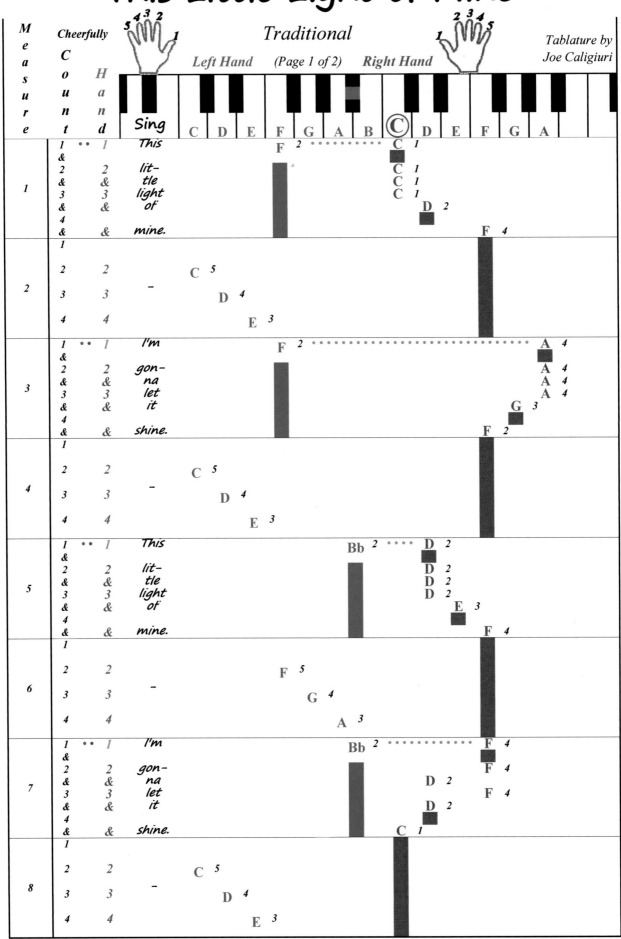

This Little Light of Mine

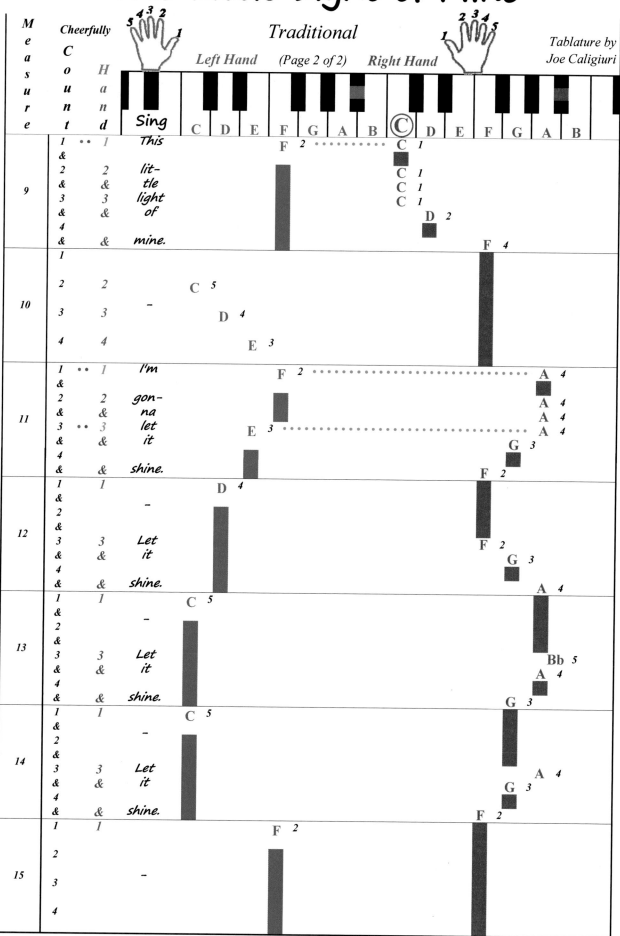

Itsy Bitsy Spider

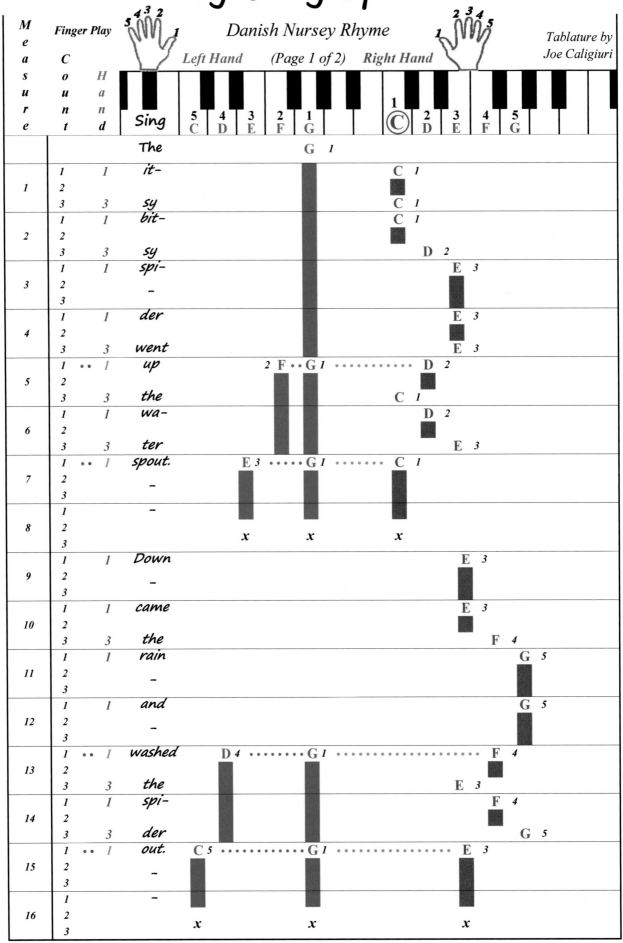

Itsy Bitsy Spider

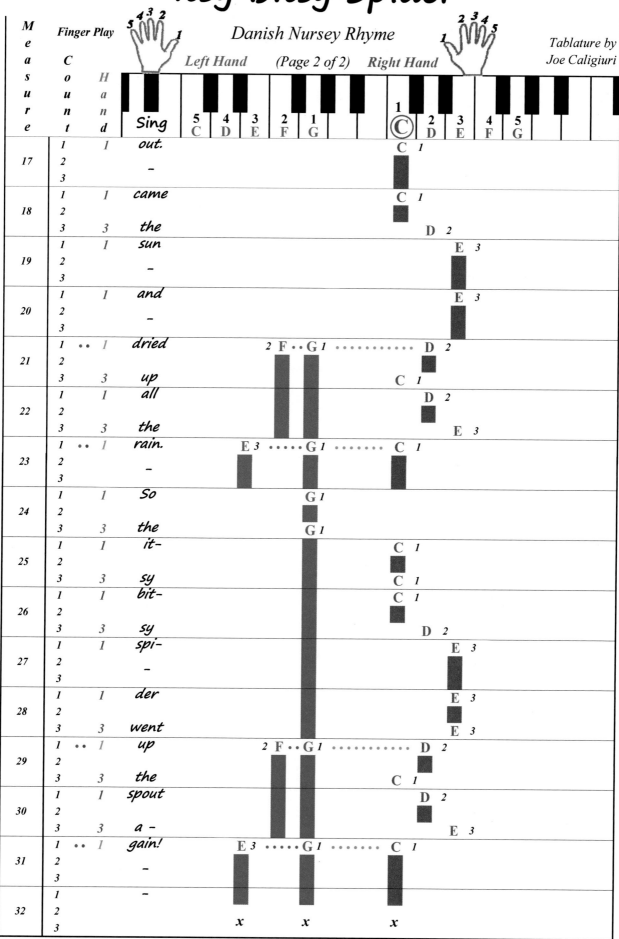

If You're Happy And You Know It

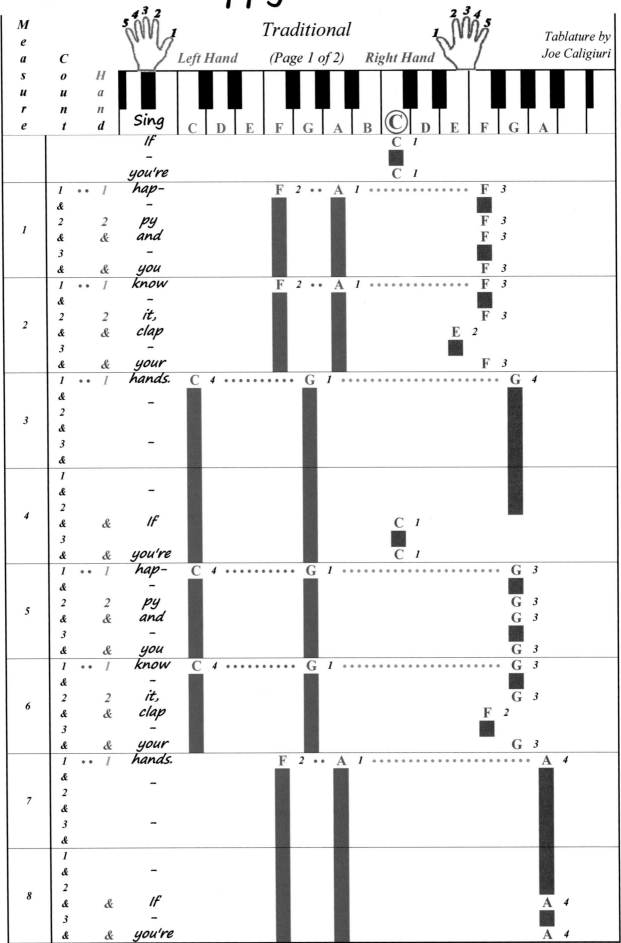

If You're Happy And You Know It

Traditional

(Page 2 of 2)

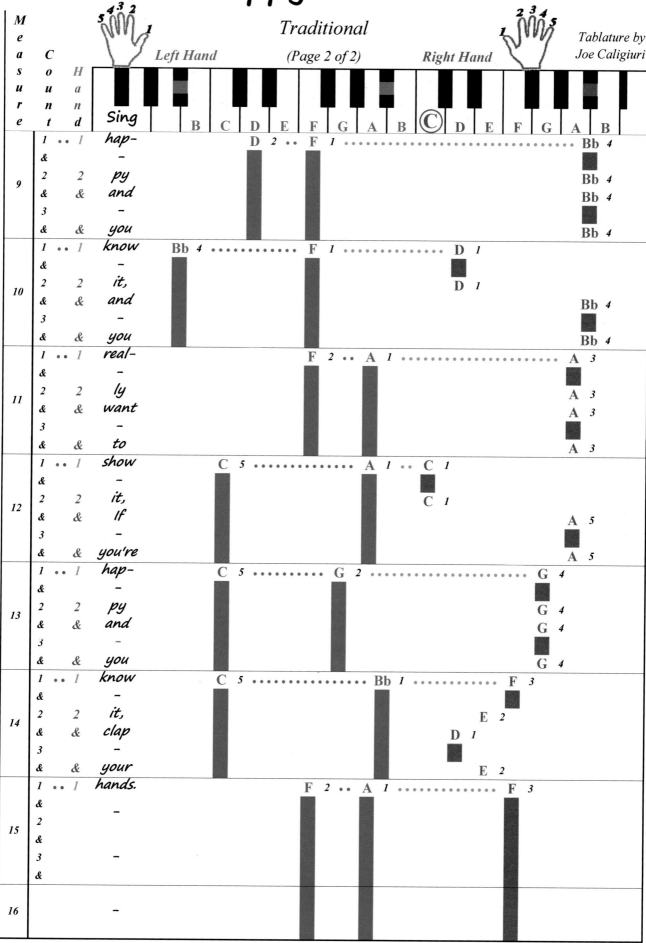

I'm a Little Teapot

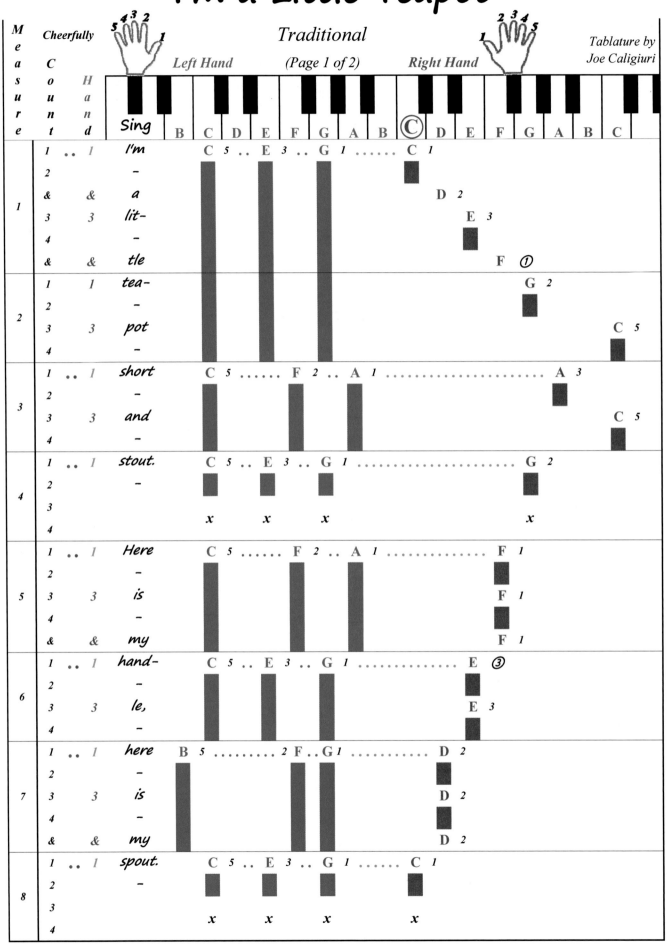

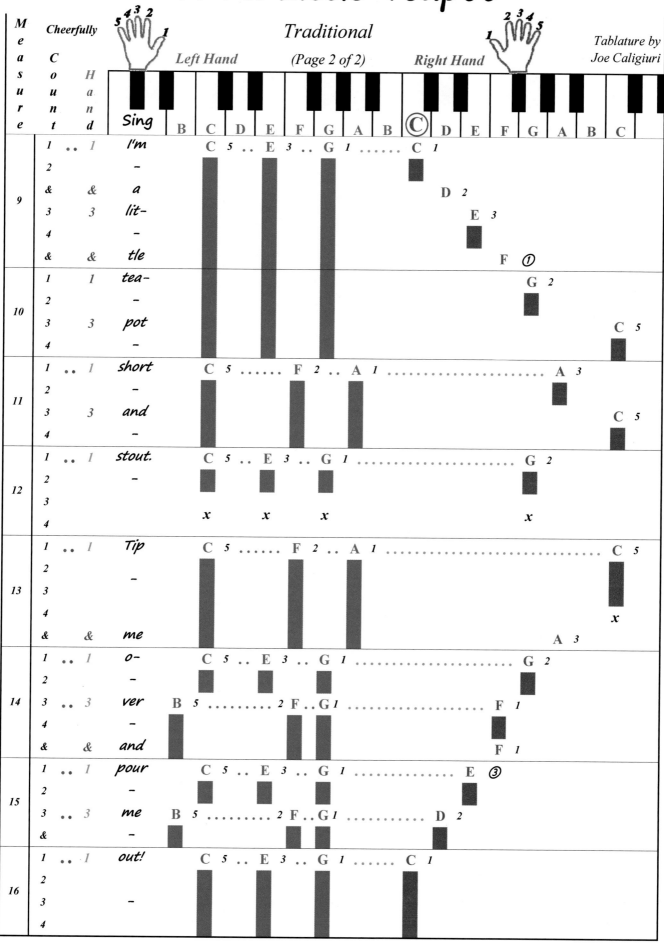

Jesus Loves Me

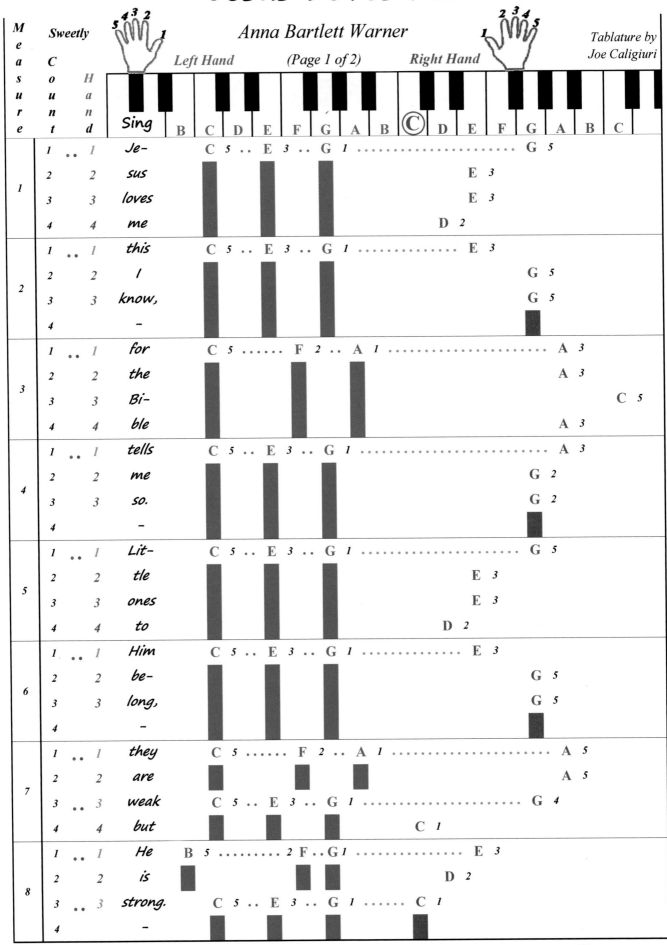

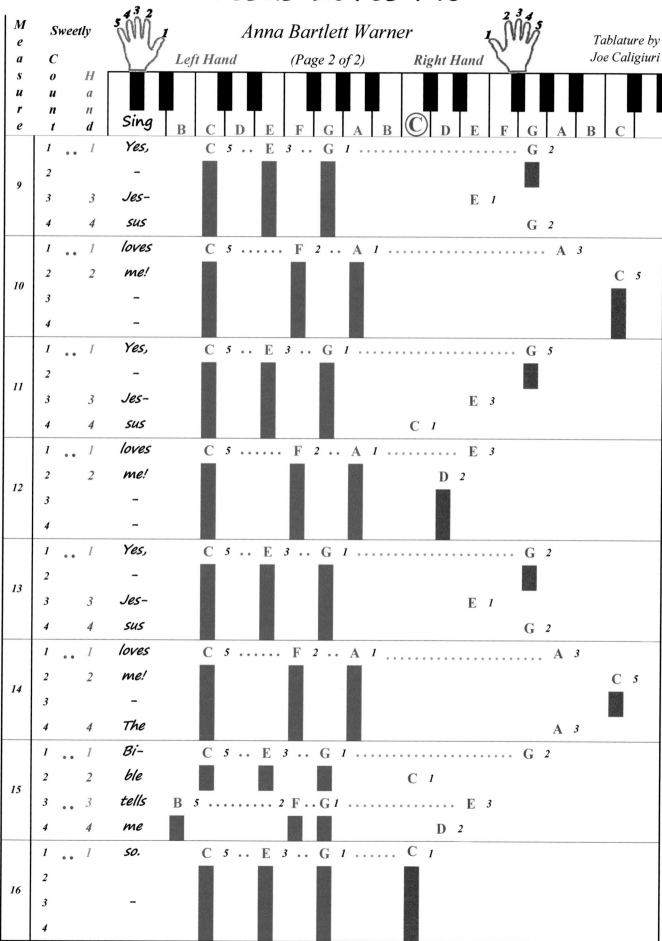

Chopsticks

Euphemia Allen

Left Hand (Page 1 of 2) Right Hand

Tablature by Joe Caligiuri

Keyboard: C D E F G A B C D E

Measure	Count	Hand	Notes
1	1	1	2 F · · G 2
	2	2	F · · G
	3	3	F · · G
	4	4	F · · G
	5	5	F · · G
	6	6	F · · G
2	1	1	2 E · · · · · · G 2
	2	2	E · · · · · · G
	3	3	E · · · · · · G
	4	4	E · · · · · · G
	5	5	E · · · · · G
	6	6	E · · · · · G
3	1	1	2 D · · · · · · · · · · · · · · · B 2
	2	2	D · · · · · · · · · · · · · · · B
	3	3	D · · · · · · · · · · · · · · · B
	4	4	D · · · · · · · · · · · · · · · B
	5	5	D · · · · · · · · · · · · A 2
	6	6	D · · · · · · · · · · · · · · · B 2
4	1	1	C · C 2
	2		■ · ■
	3	3	C · C
	4	4	C · C
	5	5	2 D · · · · · · · · · · · · · B 2
	6	6	2 E · · · · · · · · · A 2
5	1	1	2 F · · G 2
	2	2	F · · G
	3	3	F · · G
	4	4	F · · G
	5	5	F · · G
	6	6	F · · G
6	1	1	2 E · · · · · · G 2
	2	2	E · · · · · · G
	3	3	E · · · · · · G
	4	4	E · · · · · · G
	5	5	E · · · · · · G
	6	6	E · · · · · · G
7	1	1	2 D · · · · · · · · · · · · · · · B 2
	2	2	D · · · · · · · · · · · · · · · B
	3	3	D · · · · · · · · · · · · · · · B
	4	4	D · · · · · · · · · · · · · · · B
	5	5	D · · · · · · · · · · · · A 2
	6	6	D · · · · · · · · · · · · · · · B 2
8	1	1	C · · · · · · · · · · · · · · · · · · · C 2
	2		x · x
	3	3	2 F · · G 2
	4	4	2 E · · · · · · · · · C
	5		x · · · · · · · · · · · · · · · · · · · x
	6	6	2 C · · · · · E 2

Chopsticks

Euphemia Allen

Left Hand   (Page 2 of 2)   Right Hand

Tablature by Joe Caligiuri

Keyboard reference: C D E F G A B C D E

Measure	Count	Hand	Notes
9	1	1	2 B · · · · · D 2
	2		
	3	3	A · · · · · C
	4	4	G · · · · · B
	5		
	6	6	F · · · · · A
10	1	1	2 E · · · · · G 2
	2		
	3	3	E · · · · · G
	4	4	E · · · · · G
	5	5	F · · · · · A
	6	6	E · · · · · G
11	1	1	2 D · · · · · F 2
	2		
	3	3	D · · · · · F
	4	4	D · · · · · F
	5	5	E · · · · · G
	6	6	D · · · · · F
12	1	1	C · · · · · E
	2		
	3	3	F · · · · · A
	4	4	E · · · · · G
	5		x x
	6	6	C · · · · · E
13	1	1	2 B · · · · · D 2
	2		
	3	3	A · · · · · C
	4	4	G · · · · · B
	5		
	6	6	F · · · · · A
14	1	1	2 E · · · · · G 2
	2		
	3	3	E · · · · · G
	4	4	E · · · · · G
	5	5	F · · · · · A
	6	6	E · · · · · G
15	1	1	2 D · · · · · · · · · B 2
	2	2	D · · · · · · · · · B
	3	3	D · · · · · · · · · B
	4	4	D · · · · · · · · · B
	5	5	D · · · · · · · · · A 2
	6	6	D · · · · · · · · · B 2
16	1	1	C · · · · · · · · · · · C 2
	2		x x
	3	3	2 F · · G 2
	4	4	2 E · · · · · · · · · C 2
	5		
	6		x x

Made in the USA
Las Vegas, NV
09 March 2022

45324019R00033